다이어트는 내일부터의 전설

집 나간 의지는 편의점에 있다

다이어트는 내일부터의 전설

정명선 지음

좋은땅

작가의 말

살다 보면 미루는 일들이 참 많습니다.
다이어트도, 오래 품어 둔 꿈도,
사랑의 고백조차도 종종 '내일부터'의 몫이 되어 버립니다.
그러나 내일로 미룬 순간들 속에도
삶은 여전히 흘러가고,
웃음과 눈물, 그리움과 희망이
조용히 우리 곁을 채워 줍니다.

이 책은 그렇게 미뤄 온 날들 사이에서
내가 건져 올린 작은 빛과 그림자입니다.
때로는 사소한 일상으로,
때로는 사랑과 이별로,
또 때로는 나이 들어가는 삶의 무게로
내 마음에 스쳐 간 풍경들을 담았습니다.

〈다이어트는 내일부터의 전설〉이라는 다소 장난스러운 제목은
사실은 오늘을 놓치지 않겠다는 나의 다짐이기도 합니다.
이 시집이 당신의 하루에도
잠시 멈추어 서서 마음을 들여다볼 수 있는
잔잔한 쉼표가 되기를 바랍니다.

2025년 여름
정명선

차례

작가의 말 4

다이어트는 내일부터의 전설

냉장고에 감춰 둔 봄날 12
냉장고 앞 철학자 14
집 나간 의지는 편의점에 있다 16
엄마의 Wi-Fi는 늘 연결 중 18
알람 없이 사는 하루 20
가끔은 눕는 것이 가장 용기 있는 결정 22
운동화 끈을 묶는다 24
다이어트는 내일부터의 전설 26

퇴근길, 다리는 울고 있다

좋은 날 30
출근길 31
오늘도 커피에 기대어 출근 32
오늘도 여행을 떠난다 34
열정 35

자격증 *36*
취미1 *38*
취미2 *39*
퇴근길, 다리는 울고 있다 *40*
달빛에 치약 묻은 날 *42*
하루 *44*

고양이한테 연애 상담받기

비 내리던 날 *46*
너를 그려 본다 *48*
사랑은 멀어져 간다 *50*
즐거운 이별1 *52*
즐거운 이별2 *54*
이별 앞에서, 예뻤다 *56*
정 *57*
고양이한테 연애 상담받기 *58*
우산 *60*

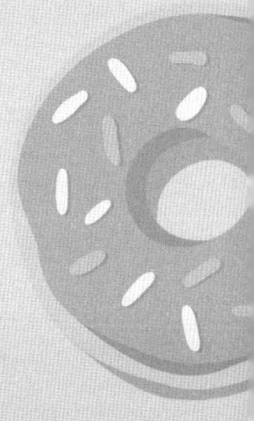

사랑의 비밀 레시피 *61*

시련 *62*

그리움 *63*

그리움 사용 설명서 *64*

그대를 만나러 가는 길 *66*

잠 못 드는 밤 *67*

그대1 *68*

그대2 *69*

마음에도 재활용이 되나요? *70*

머리는 잊었지만 손이 기억한다 *72*

휴지 심에 핀 외로움 *74*

양말 한 짝의 철학 *76*

한숨은 마음의 여백 *78*

눈물보다 먼저 흘러내린 숨 *80*

가을 편지 *82*

어쩌다 보니 꽃이 되었다

오늘을 즐겨라 *84*

소꿉놀이 *86*

술래잡기 *87*

술래잡기2 *88*

줄넘기 *90*
공기놀이 *91*
일기장 *92*
달력에게 편지 쓰기 *94*
긍정의 마음 *97*
3·8 여성의 날의 속삭임 *98*
어쩌다 보니 꽃이 되었다 *100*
아직 봄이다 *102*
늦게 피는 꽃 *103*
늦은 햇살이 드는 자리 *104*
친구 *105*
꿈속의 고향집 *106*
낭군님 *108*
탐욕 *110*
가로등에게도 월급을 *112*
아버지 *114*

시간아, 너 자꾸 도망가지 마

봄날의 애상(哀傷) *116*
봄 *117*
봄비 *118*

진달래 *119*

경칩 *120*

황혼인생 *121*

창밖에 비가 내린다 *122*

소나기 *124*

시간 *126*

달력 *128*

인생, 참 즐겁다 *130*

6월 *132*

6월의 각오 *134*

7월의 기도 *136*

더 늦기 전에 *138*

시간아, 너 자꾸 도망가지 마 *140*

눈꽃1 *144*

눈꽃2 *145*

고독의 품격 *146*

기억은 가끔 틀린다 *148*

내 나이가 어때서, 아직 안 졸린데? *150*

함박눈이 내린다 *152*

시 평론 *153*

다이어트는 내일부터의 전설

냉장고에 감춰 둔 봄날

김치통 사이에
작은 봄날 하나를 넣어 뒀다
잊고 있었는데
어느 날 문을 열다
그 향기가 살짝 새어 나왔다

쑥국 끓이던 날,
달래무침 손끝에 묻던
봄기운 같은 기억

그날은
꽃보다 시장이 더 붐볐고
봄나물보다 가격표가
더 선명했다

그래도 나는
봄을 샀다
마트 비닐봉지에
조심스레 담아 온
그 연한 초록빛 꿈 한 줌

식탁 위에서,
조금의 간장과 참기름,
그리고 엄마의 한마디—
"입맛 없을 땐 이게 최고지"

그 말 한 숟가락에
봄이 삭삭 비벼졌다

그리고 나는
그걸 모르게
조금 남겨
조용히 통에 담아
냉장고 구석에 밀어 뒀다

언젠가 지치고 속상한 날,
다시 꺼내 먹으려고
아무 말 없이
위로 한 점
퍼먹으려고

냉장고 앞 철학자

밤 열한 시 오십팔 분.
세상은 잠들었지만
나의 철학은 시작된다

냉장고 문 앞에 선 나는
배고픔이란 본능과
살이 찐다는 이성 사이에서
오늘도 줄타기 중이다

"삶은 결국 선택의 연속이다"
소시지를 데울 것인가, 말 것인가
하루쯤 괜찮다는 합리화와
내일 아침 체중계의 배신,
이 두 갈래 길에서
나는 사르트르보다 더 깊은 고민을 한다

"나는 먹는다, 고로 존재한다"
데카르트가 옆에 있었으면
그도 내게 박수를 쳤을 것이다
(혹은 다이어트 앱을 깔라고 했겠지만)

문틈 사이로 새어 나오는 찬 공기,
그 속엔 버터 냄새,
식은 피자 조각,
그리고
누군가의 유혹 같은 휘핑크림이 숨어 있다

하지만 이 순간
나는 안다.
진정한 철학자는
마음을 채우되
냉장고는 닫을 줄 아는 사람

그러니
오늘도 나는
아무것도 꺼내지 않고
천천히 문을 닫는다
그리고 스스로에게 속삭인다

넌 오늘도 사유했어,
충분히

집 나간 의지는 편의점에 있다

오늘도 나는
냉장고 앞에서 망설인다
먹고 싶은 마음과
먹으면 안 되는 마음이
티격태격 싸운다

결국 나는
가벼운 발걸음으로
편의점으로 향한다

진열대 사이,
집 나간 의지는 이미
가장 맛있는 과자와
달콤한 음료 사이에 숨어 있다

나는 한참을 서성이다
그제야 깨닫는다
오늘의 의지보다
오늘의 작은 행복이
더 솔직하다는 것을

계산대를 지나며
나는 미소 짓는다
집 나간 의지는
오늘도 편의점에서
나를 기다리고 있으리라

엄마의 Wi-Fi는 늘 연결 중

엄마의 사랑은 Wi-Fi 같아서
보이지 않아도
늘 연결되어 있다

밥은 먹었니?
추운데 옷은 따뜻하게 입었니?
계좌엔 뭐 좀 넣어 뒀어
그 말들은
알림 없이도 항상 수신 완료

아무리 멀리 있어도
엄마의 신호는 끊긴 적이 없다
지하철 터널 속에서도,
외국 여행 중에도,
어느 늦은 밤
불 꺼진 방 안에서도
그 마음은
데이터 제한 없이 쭉— 닿는다

가끔은
그 신호가 부담스러워

비행기 모드 켜듯
잠시 피하기도 했지만

엄마는 기다린다.
네트워크 불안정한 날에도
꺼지지 않는 그 마음으로
조용히, 묵묵히
연결 중

그리고 어느 날,
내 손에 아이가 올려졌을 때
알았다
그 사랑이 얼마나 빠른 속도로
나를 감싸고 있었는지

세상 모든 Wi-Fi가 꺼져도
엄마의 마음은
늘 '연결됨'으로 뜬다
비밀번호도 필요 없다
그건,
처음부터
내 안에 저장되어 있으니까

알람 없이 사는 하루

아무 소리도 없이
눈이 저절로 떠졌다
얄밉던 알람은
오늘만큼은 침묵했다

허둥대지 않아도 되는 아침,
식은 커피조차
괜히 반갑다

창문을 열자
햇살이 먼저 인사를 한다
오늘은 시간도
말을 걸지 않는다
그저 흘러가는 대로 두기로 했다

휴대폰은 멀찍이,
시계는 고개를 돌렸다
나를 조이는 숫자들이
오늘은 조용히 사라졌다

이불 속에서

조금 더 머물렀고,
밥을 천천히 씹었고,
거울 속 내 눈을
오랜만에 들여다보았다

오늘은
해야 할 일보다
하고 싶은 일을 먼저 적었다.
그리고 아무것도 하지 않는 것도
괜찮은 일이라 적었다

시간에 쫓기지 않고,
누구에게 끌려가지 않는 하루
그 하루가
내 마음에 살며시 말을 건다

"이렇게 살아도 괜찮다고,
너는 충분히 잘하고 있다고"

가끔은 눕는 것이 가장 용기 있는 결정

모든 것을 해내야 할 것만 같은 날엔
아무것도 하지 않는 내가
괜히 죄인처럼 느껴진다

세상은 쉼표 없이 돌아가고
사람들은 오늘도
계획표 위에서 살아남는다

하지만 나는 안다
무너지지 않으려고
버티는 것보다
가만히 누워 숨 고르는 일이
더 큰 용기일 때가 있다는 걸

몸이 먼저 말을 걸기 시작할 때,
마음이 더 이상 소리를 듣지 않을 때,
그땐
침대가 피난처가 되고
고요가 치료가 된다

'괜찮다'는 말조차 지친 날에는

누워 있는 나를 향해
이 말 한마디면 충분하다
"오늘은 이만하면 잘했다"

세상은 몰라도
나는 안다
가끔은
눕는 것이
가장 용기 있는 결정이라는 걸

운동화 끈을 묶는다

내 운동화는
늘 새것처럼 깨끗하다
때도 타지 않고
주름도 없다
끈도 반듯하고,
밑창은 닳지 않았다

운동화는 새것인데
나는 낡아 있었다

한참을 멈춰 서 있었고,
길 위에 나서지 않았고,
모서리진 하루를 피해
걷지 못했다.

닳아도 좋으니
걸어 보고 싶었다
흙 묻고
비 맞아도
걸어 보고 싶었다

그래서 오늘,
처음으로
운동화 끈을
꽉 묶는다

다이어트는 내일부터의 전설

오늘 아침에도 다짐했다
"이젠 진짜야
이번엔 진심으로 시작할 거야"

그리고 냉장고를 열었지
어제 사 둔 케이크가
날 째려봤다
"너, 나 버릴 수 있어?"

…그래서 한 입만 먹었는데,
한 조각만 남기기 뭐해서
그냥 정리해 줬다
깔끔한 성격이 문제다

운동하려고 요가 매트를 폈더니
고양이가 올라와 눕는다
"이건 내 거야…"
어쩔 수 없이,
고양이 눈치 보며 접었다
그 녀석의 평화가 더 중요하다

친구가 카톡을 보냈다
"우리 오늘 쫄면 어때?"
거절은 무례니까…
나름 예의 바르게 나가 줬다

밤엔 후회가 몰려온다
거울 앞에서 배를 한 번 잡아 본다
"너는 왜 이렇게 정들었니…"

슬픈 음악 틀고
다이어트 유튜브 보면서 과자를 먹는다
이건… 연구다
준비는 철저해야 하니까

그리고 다시 다짐한다
다이어트는… 내일부터!
그 말은
어쩌면 신화,
전설,
영원히 도달할 수 없는
허니버터 빛 이상향

하지만—

그 꿈이 있으니
오늘도 내 치킨은 맛있다

퇴근길, 다리는 울고 있다

좋은 날

햇살이 살며시 어깨에 내려앉는 날,
바람이 꽃향기를 실어 나르는 날,
마음속 작은 물결이 고요히 일렁이는 날,
그런 날이 좋은 날이지

소박한 미소가 얼굴에 머무르는 날
오래된 노래가 귓가에 맴도는 날
사랑하는 이의 목소리가 온기를 전하는 날,
그런 날이 좋은 날이지

커피 한 잔에 여유를 담는 날
창밖 풍경에 평온을 담는 날
아이들 웃음소리에 가슴이 따뜻해지는 날
그런 날이 좋은 날이지

출근길

어둠을 벗어나 새벽빛 속으로
걸음마다 분주함이 스며든다
차가운 공기 속, 숨소리는 희미해도
길 위의 발자국은 오늘을 향해 간다

도시의 심장은 벌써 깨어나
오늘의 활무대 펼쳐 준다
바삐 움직이는 얼굴들에는
저마다의 하루를 품고 있다

달리는 버스에도 지하철에도
어제의 피곤함과 오늘의 기대가 어우러진다
멀리 떠오르는 해는
그래도 오늘의 시작을 응원한다

출근길, 그것은 단순한 이동이 아닌
삶을 향한 또 하나의 약속이다
그 길 끝엔 또 다른 이야기가 기다리고
땀과 노력이 꿈을 키운다

오늘도 커피에 기대어 출근

눈을 떴다기보단
겨우 눈을 떼어 냈다
이불의 유혹을 뿌리치고
현관 앞까지 나오는 데
오늘 하루의 절반을 쓴 기분이다

편의점 커피 한 잔
뚜껑에 입을 대는 순간
비로소 하루가 부팅된다
따뜻함보다도
익숙한 쓴맛이 나를 깨운다

커피에 기대어 출근한다는 건
그저 졸음을 쫓는다는 뜻이 아니다
어제의 스트레스, 내일의 불안,
사라지지 않는 무게를
오늘만큼은
삼켜 본다는 뜻이다

그깟 커피 한 잔으로
뭐가 달라지겠냐만

그래도
누군가에겐 하루치의 용기이고,
버틸 만한 핑계가 되기도 한다

그래서 오늘도
텅 빈 눈으로 커피를 들고
텅 빈 마음을 데우며
출근길에 오른다.
매일 반복되는 하루지만
그 안에 나름의 리듬이 있고,
나만 아는 생존법이 있다

이 쓴맛에 익숙해지는 것도
어쩌면
어른이 되어 간다는 증거일지도

오늘도 여행을 떠난다

가방엔 가벼운 설렘을 담고,
발끝엔 새로운 길의 향기를 싣는다
지도 위의 선은 보이지 않아도
마음은 이미 목적지를 향해 달린다

햇살은 내 동반자가 되고
바람은 나만의 길잡이가 된다
흙길도, 골목도 모두 나를 반겨 주고
발길이 닿는 곳마다 이야기가 피어난다

알 수 없는 내일이 기다리는 곳,
그곳에서 나는 나를 만나리라
한 걸음씩 나아가는 이 길 위에서
내 안의 세상이 조금씩 넓어진다

오늘도 여행을 떠난다,
쉼 없이 흐르는 시간처럼
내 안의 작은 우주를 여행하며
끝없는 풍경 속에 나를 새기며

열정

불꽃처럼 타오르고
보이지 않아도 느껴지는
힘찬 박동

힘들어도 멈출 줄 모르고
흔들릴지언정 꺼지지 않는
굳은 약속

어둠 속에서도 길 밝히고
거센 바람 속에서도 전진하는
삶의 동력

자격증

세상의 문을 두드릴 때
내민 손에 들려 있던 건
얇은 종이 한 장,
이름과 번호, 도장이 찍힌 자격증이었다

배운 만큼, 익힌 만큼
누군가의 기준에 맞춰
나는 '인정'이라는 외투를 입고
조금은 당당해졌지만

그보다 먼저 필요했던 건
새벽에 눈을 뜨는 끈기,
실패해도 다시 손을 뻗는 용기,
남들보다 느려도 멈추지 않는 마음

그 모든 걸 버텨 낸 내가
진짜 자격이었음을
나는, 오늘에서야
조용히 깨닫는다

자격증은 종이가 아니라

살아 낸 시간의 증명서,
흔들려도 꺾이지 않은
내 삶의 도장이다

취미1

마음 한쪽에 작은 정원을 가꾸듯
나는 취미 하나를 품는다
바쁜 하루 틈새에 살며시 피어난
내 영혼의 숨터, 나만의 쉼표

손끝에 닿는 촉감이 기쁨이 되고
귀를 스치는 소리가 노래가 되면
그 순간, 세상의 소란은 멀어지고
나는 오롯이 나로 돌아온다

누군가에겐 사소한 일이지만
나에게는 작은 우주 같은 것
취미라는 이름의 작은 행복이
내 하루를 반짝이게 한다

취미2

마음 한구석, 햇살 드는 창가에
나는 작은 취미 하나를 놓아 둔다
바쁜 하루를 살다가도
그곳에 눈길을 두는 순간,
세상의 소란이 조용히 멈춘다

손끝으로 느끼는 작은 설렘,
귀를 간질이는 익숙한 멜로디,
붓끝에서 번지는 색깔 하나에도
나는 나를 찾고, 나를 위로한다

책장 한 칸에 쌓여 가는 흔적들,
연필 끝에 새겨지는 문장들,
한 줌의 흙에서 피어나는 싹 하나,
혹은 거칠어진 손끝의 온기까지—
그 모든 것이 나를 닮아 간다

나의 우주에서 반짝이는 별들은
한 조각의 자유, 한 움큼의 위안 되고
서툴지만 익어 가는 취미에
시간이 흐를수록 즐거움은 깊어 간다

퇴근길, 다리는 울고 있다

퇴근은 했는데
퇴근한 것 같지가 않다
버스도 탔고, 사람도 내렸고,
분명 내 집 방향으로 걷고 있는데—
왜 다리는
그 자리에서 울고 있는가

계단을 보면 한숨이,
횡단보도 앞에선 인생이
잠깐 멈춰 선다
초록불은 왜 이렇게 짧고,
빨간불은 왜 내 마음 같을까

에스컬레이터는 천국이고
의자는 오아시스
편의점 불빛도 이젠
눈물겹게 반갑다

아직 한참 남았는데
집 앞 골목만 돌아도
다리는 슬쩍

파업 선언이다.
발바닥은 내 몸을 원망한다

그래도 간다
어쨌든, 가야 하니까
냉장고에 있는 남은 김치찌개,
그거 하나가
오늘도 나를 집까지 데려간다

달빛에 치약 묻은 날

거울 앞에서
치약 묻은 얼굴로
나를 마주 보다
피식 웃었습니다
왠지 오늘 하루도
어설펐구나—
달빛은 그런 나를
괜찮다고 쓰다듬었습니다

양치하며 한숨을 뱉고
내일은 좀 다르게 살아 볼까
혼잣말처럼 속삭였죠
하지만 치약은 자꾸만
입꼬리로 새어 나오고
결국 거품투성이 얼굴로
오늘을 닦고 있었습니다

부끄럽고 우스운 얼굴인데
달빛은 조용히 창틈으로 들어와
그 모습마저 예쁘다며
내 어깨 위에 살짝 기대더군요

이런 게,
살아 있는 하루일지도 몰라요
치약 묻은 채로 웃는 밤

누가 봤다면 민망했겠죠
다행히,
이 밤의 관객은 오직 달빛뿐
나는 칫솔을 헹구고,
달빛은 웃음을 숨기고,
우리 둘은 그렇게—
조금은 바보 같은 하루를
정답게 마무리했습니다

하루

아침햇살이 살며시 문을 두드리며
새로운 이야기를 시작한다
어제의 흔적을 지운
깨끗한 도화지 위에
첫 붓질을 그리는 시간

바쁘게 달려가는 발걸음 속에
희망과 열정이 춤을 추고,
때로는 멈춰 선 그림자 속에서도
작은 쉼표 하나를 찾는다

붉게 물든 하늘이
오늘의 마지막 선율을 읊조리면
하루라는 이름의 캔버스는
온전한 작품이 된다

그리고
별들이 지켜보는 가운데
하루의 기억은 조용히 잠들고
내일이라는 새 이름으로
다시 깨어나리라

고양이한테 연애 상담받기

비 내리던 날

창밖에 내리던
회색빛 비처럼
우리 사랑도 조용히 흐려졌다

말없이 마주 앉은 마지막 순간,
커피잔 속엔 온기가 식어 가고
너의 눈빛은 갈 곳 잃고 방황했다

차마 붙잡지 못한 손끝,
젖은 거리처럼 미끄러졌고
남은 말들은 빗물에 씻겨
흔적 없이 흘러갔다

비는 내리고 있었고
너는 멀어지고 있었고
나는 그 자리에,
젖은 마음을 껴안은 채 서 있었다

지금도 비가 오면
그날이 다시 온다
너의 뒷모습처럼

한없이 멀고,
지울 수 없도록 선명한

너를 그려 본다

오늘도 너를 그려 본다

너의 따뜻한 눈빛에
먹구름 걷히고
달콤한 미소에
내 마음이 녹아내린다

너의 웃음소리
내 하루의 음악이 되고
부드러운 손길
내 하루를 응원한다

너란 이름 아로새긴
가슴속 깊은 곳에
영원히 사랑한다
사랑이 농익어 간다

너를 바라보며
조용히 흘러가는 시간들
순간순간들이
행복으로 똬리 튼다

비바람 불어도
눈보라 쳐도
내 마음속에는
사랑이 꽃핀다

메아리로 돌아오는
너란 이름 부르며
잡힐 듯 잡히지 않는
너를 그려 본다

사랑은 멀어져 간다

사랑은 멀어져 간다

바람이 불던 날,
그대의 손끝에서
온기가 사라졌다
햇살을 닮았던 눈빛은
구름 속으로 숨어 버리고,
우리가 그린 추억은
낡은 동화책 속 한 장면으로
서서히 색 바래져 간다

말하지 않아도 알 것 같던
그 마음도
미궁 속으로 구겨 넣어
길 잃고 헤매게 하고
달콤하기만 하던 속삭임도
차가운 얼음 비수 되어
더욱 시리고 아프게 한다

실낱같은 희망 품고
흔적을 따라 걷다 보면

낡은 길목엔
서로의 이름조차 희미해지고,
그리움은
이제 낯선 그림자가 되어 버린다

사랑은 멀어져 간다

하지만
마음 한 켠엔
여전히 작은 불씨 하나,
미련처럼 남아
깜빡이고 있다

즐거운 이별1

이별이 꼭 눈물이어야 할까
서로를 놓아주는 일,
그건 어쩌면
가장 따뜻한 배려였는지도 모른다

함께 웃던 날보다
조용히 등을 돌리던 그 순간,
나는 처음으로
너를 이해한 것 같았다

사랑했기에 보내는 마음,
미워하지 않기에
더는 붙잡지 않는 용기

우리의 끝은
슬픔보다 고요했고
아픔보다 가벼웠다

돌아서며 미소 지을 수 있었던 건
네가 내게
아름다웠던 사람이었기 때문이다

그래서 이별은,
조금은 즐거웠다

즐거운 이별2

웃었다,
정말 웃었다
눈물 삼키며 네 앞에서
환하게 웃어 줬다
내가 울면
미안해할까 봐,
그것조차 싫었다

그래, 끝내자
기다리는 척도,
이해하는 척도

사랑이라고 믿었던 날들,
그건 내 착각이었다
너는 언제나 너였고
나는 너의 그림자였으니까

근사한 말, 다 버렸다
"잘 지내" 따윈 안 할게
나는 그냥,
이제 내 숨을 찾을 거다

온몸이 부서져도,
내가 나로 돌아가는 이 아픔이
차라리 기쁘다

그래서 오늘,
울며 웃는 이 이별을
나는
즐겁다 말할 수 있다
비로소
너 없는 나로 살아 보리라

이별 앞에서, 예뻤다

마지막 인사를 준비하며
나는 너를 바라봤다
말없이 웃는 네 얼굴이
참, 예뻤다

눈물이 고인 순간조차
우리는 조용히
서로를 다독였다
붙잡지 않고, 미워하지 않고

함께한 날들 위로
노을처럼 스며든 작별이
어쩐지 따뜻했다
슬프지만, 고맙고

사랑이 끝나는 자리에서
나는 알았다
우리,
정말 사랑했구나
그것만으로도
충분히 예뻤다

정

스치듯 지나간 손길에도
깊게 스며드는 따스함,
말 한마디 없이도
전해지는 마음의 온기
정은,
눈에 보이지 않지만
모든 것을 잇는 실이다

낯선 길 위에서 건네받은 미소,
익숙한 집 안에서 나눈 한 끼의 밥,
오랜 친구의 손을 잡으며
말하지 않아도 알게 되는 믿음
정은 쉽게 끊어지지 않는
단단한 약속이고,
멀리 있어도 이어지는
보이지 않는 다리다

그 정이 있어
우리는 살아간다.
흐르는 시간 속에서도
소중한 순간들을 엮어 가며

고양이한테 연애 상담받기

오늘도 고양이 앞에 앉았다
손에는 커피,
마음엔 아직 미련
"나, 연락할까 말까?"
고양이는 대답 대신
하품 한 번 길게 하고
그루밍에 바쁘다

"그 사람,
나한테 마음 있는 거 맞지?"
고양이는 꼬리만 살짝 흔든다.
의미는 알 수 없지만
그 눈빛, 그 표정—
다 겪어 봤다는 듯 시크하다

아무 말도 안 했는데
왜 서운하지?
혼잣말을 던지자
고양이는 창밖을 본다
답 없는 답
지나치게 목맬 필요 없다는 듯

햇살을 쫓아가 눕는다
마음은 역시, 따뜻한 데 둬야 한대나

결국 오늘도
고양이한테 위로받는다
말 한마디 없이,
그냥 옆에 있어 준 걸로
연애도, 인생도
어쩌면 그게 다인지도
괜히 또 말 걸며 웃는다
"넌, 사랑이 뭐라고 생각해?"

우산

비가 내리던 날,
너는 조용히 내 어깨 위에
우산을 펼쳤다
거센 비바람 속에서도
굳건히 지켜 주려는
작은 약속이었다

때론 흔들리고
때론 젖어 가도
묵묵히 그 자리를 지켰다
내 곁을 떠나지 않는
너의 마음처럼

햇살이 다시 찾아오면
우산은 조용히 접힌다

그러나 나는 알고 있다
또다시 비가 내릴 때
그 우산은 변함없이 펼쳐지리라는 걸
우산 아래 머물렀던 순간,
그 안에는 따뜻한 기억이 자라고 있었다

사랑의 비밀 레시피

두 사람이 만났습니다
처음엔 설렘, 그다음엔 웃음,
가끔은 작은 다툼도
레시피의 한 재료

행복은 거창한 순간에만 있는 것이 아니라
같이 치킨을 시켜 먹고,
같이 리모컨을 다툴 때도 찾아옵니다

오늘,
두 사람은 서로의 요리사가 되어
삶이라는 큰 냄비에 사랑을 넣고
서로에게
가장 달콤한 양념이 되기로 약속합니다

계절이 지나고,
머리가 희끗해져도
서로의 마음속에는 늘
오늘처럼 따뜻하고
달콤한 향기가 남기를 바랍니다

시련

앞이 보이지 않는 어둠 속에서
길을 잃은 것 같아도
시련은 결국
우리에게 길을 보여 준다

넘어진 자리에서
일어서려는 몸짓이
조금은 아프고 더딜지라도,
그 순간마다
우리의 영혼은 단단해진다

시련은 고통만이 아니라
변화의 씨앗, 성장의 기회다
그 고비를 넘어설 때
우리는 비로소
빛나는 나를 만나게 된다

그리움

바람에 실려 오는
아득한 향기,
보이지 않아도
느낄 수 있는 따스함.
그리움은
마음의 가장 깊은 곳에 숨은
조용한 떨림이다

시간은 흘러도
잊히지 않는 얼굴들,
소리 없이 떠오르는
지난날의 순간들
그리움은
멀리 있는 것 같아도
늘 가까이 머문다

그리움 사용 설명서

그리움은 예고 없이 찾아옵니다
설거지하다가, 걷다가,
멀쩡한 오후의 햇살 아래서
툭— 하고 말을 겁니다
"잘 지내니?"
그 한마디에
시간은 슬며시 멈춰 버립니다

그리움은 밤에 더 잘 작동합니다
빗소리나 옛 노래,
아무렇지도 않은 냄새 하나에
갑자기 증폭될 수 있습니다
'혼자'일 때는
작은 추억 하나에도
과부하가 걸립니다

억지로 묻으려 하지 마세요
그리움은 꺼낼수록
조금씩 작아지고,
기억은 나눌수록
덜 아프게 남습니다

때로는 눈물 한 방울로,
때로는 시 한 줄로
가볍게 숨을 돌려도 괜찮습니다

보관법은 간단합니다.
마음 한 켠, 조용한 서랍에
자주 열지 않되, 잊지는 말고
가끔 꺼내어
살며시 웃어 주세요
당신의 그리움도
누군가의 사용 설명서에
남아 있을 테니까요

사람의 마음을 다루는 매뉴얼이 있다면,
그중 가장 고장 잘 나고,
가장 자주 꺼내 보게 되는 것이
바로 '그리움'일지도 모른다

그대를 만나러 가는 길

그대를 만나러 가는 길
햇살은 발끝을 감싸며 밝혀 주고
바람은 속삭이듯 귓가를 스친다
발걸음마다 노래가 흐르고
낙엽마저 설렘에 부딪혀 춤춘다

그대를 만나러 가는 길,
입가엔 미소가 향기 되어 피어나고
가슴 속에 고운 떨림이 흐른다
설렘이 꽃잎처럼 피어나고
기대가 그림 되어 콧노래 부른다

그대를 만나러 가는 길은
언제나 설렘이고 희망이고 봄날이어라

잠 못 드는 밤

창문에 내려앉은 달빛
고요히 방안을 적신다

모두 잠든 시간,
나만 홀로 깨어
끝없는 생각의 미로를 걷는다

로또에 당첨되어
백만장자도 되어 보고
시인으로 소설가로
모래성도 쌓아 본다

잠 못 드는 밤,
내 마음 깊은 곳에서는
내일을 향한
작은 희망의 불씨가
조용히 타오르고 있다

저 멀리 새벽빛이 열리면
오늘보다 더 따스한 내일이
나를 기다리고 있으리

그대1

그대는
고요한 저녁노을 속
은은히 스며드는 별빛,
말없이 머물며
내 마음 감싼다

그대 눈빛에 담긴 따스한 이야기,
노래 되어 내 가슴 울리고
고단한 밤의 끝에서도
설렘 되어 나를 웃음 짓게 한다

그대2

검은 강 위에
흩어진 달 조각,
그대는 스스로 빛을 잃으며
더 깊은 빛이 된다

나는 벽에 기대어
부서진 그림자를 모은다
그대의 이름은,
돌 속에 잠든 새의 울음

시간은 오래된 책장처럼
바람에 뜯겨 나가고,
남겨진 순간마다
그대는 수천 개의 눈으로 나를 바라본다

사라짐 속에서만
도리어 선명해지는 얼굴,
그대—
끝내 붙잡을 수 없는
내 안의 미로

마음에도 재활용이 되나요?

마음에도
재활용이 되나요?

사용 기한 지난 설렘이라든가
유통기한 모호한 미련,
그때 왜 그랬을까 싶은 후회들—

그런 것들 모아 두면
분리수거함 하나쯤 있어야 할 것 같아서요

첫사랑에서 남은 멜로디,
혼자 써놓고 못 보낸 문자,
다 지운 줄 알았는데
가끔 꿈에 나타나는 장면들…

그런 감정들
그냥 버려도 되는 걸까요?
환경을 생각해서라도
마음에도 분해되는 시간이 필요하지 않을까요

종이처럼 접었다 펴다 구겨진 자존심,

플라스틱처럼 단단했던 자책,
유리처럼 조심스러웠던 말들—
이런 것들도
다시 녹여 쓸 수 있을까요?

누군가의 위로로,
누군가의 시 한 줄로,
때로는 아주 작은 용기로
마음도
재활용될 수 있다면

나는 어제의 나를 꺼내어
오늘의 나에게 다시 건네고 싶습니다
"괜찮아,
우리 이제
조금 가볍게 살아도 돼"

머리는 잊었지만 손이 기억한다

이름은 떠오르지 않아도
손은 먼저 그립다
언젠가 배운 자수의 매듭,
엄마의 장독대 뚜껑 여는 법,
고무줄총 접는 순서,
그 모두를 손은 기억한다

할머니가 썰던 부추의 결,
아버지가 쓰다듬던 이마의 방향,
당신이 내 손을 꼭 잡았던
그날의 온도까지—
잊었다고 생각했는데
손은 알고 있었다

오래된 냄비의 손잡이를
본능처럼 잡는 날,
낡은 리모컨을
아무 생각 없이 조작하는 날,
머리는 희미해도
살아온 날들이
손끝에 남아 있었다

어느 날,
이름도 잊고 길도 잃을지라도
손으로 무언가를 만지는 그 순간
그립고, 아련하고…
그래서 살아 있는 것이다

머리는 잊었지만
손이 기억한다

휴지 심에 핀 외로움

하얗던 몸을
하나씩 내어 주고
나는 가벼워졌다

도움이 되었고
위로가 되었고
어쩌면
누군가의 급한 순간을 지켜 줬을지도 모른다

그리고 지금,
나는 아무것도 감싸고 있지 않다
텅 빈 채로
세면대 옆,
휴지통에도 던져지지 못한 채
그저 서 있다

누구도 나를 쳐다보지 않고
아무도 나를 다시 집지 않는다
비어 있는 이 속이
무용한 것이 아니라
모두를 내어 준 자국임에도

모두를 주고 나서야
비로소 피어나는 마음 하나,
외로움

가벼워졌지만,
텅 비었지만,
나는
살아 낸 흔적이다

양말 한 짝의 철학

나는
짝을 잃은 양말이다
세탁기 속 소용돌이에 휘말려
그와 나는 어느 날 이별했다

함께 걸어 다닌 날이 많았다
축축한 비 오는 날도,
땀이 밴 여름날도,
구멍이 날 때까지도
우리는 늘 짝이었다

그러다 어느 순간,
그는 사라졌다
말도 없이
어쩌면 이별은
대개 그렇게 오는 걸까

나는 서랍 속 가장 구석에
말없이 눌러 있었다
누구도
홀로 남은 양말을 꺼내 신지 않았다

하지만 어느 날,
나와 어울리지 않는 줄무늬 양말이
나에게 다가왔다
그도 짝을 잃었단다
우리 둘은
다르지만 외롭지 않았다

그때 깨달았다
삶은
꼭 짝이 맞아야만
좋은 건 아니라는 걸

조금 다르면 어떤가
걸을 수 있다면,
따뜻하다면,
함께 웃을 수 있다면
그걸로 충분한걸

양말 한 짝의 철학은
인생도 그렇다는 걸
살며시 말해 준다

한숨은 마음의 여백

문득
숨이 길어질 때가 있다
입으로는 아무 말도 하지 않았지만
가슴 안쪽에
쉼표가 찍힌 날이다

숨이 길어졌다는 건
무언가
놓치고 있다는 뜻이기도 하고
아직
놓지 못했다는 말이기도 하다

누군가는
그 한숨을 낭비라 하겠지만
그건 내 마음이
나를 쉬게 하려는 신호이기도 하다

버겁고,
가득 차고,
넘칠 것 같을 때
마음은 말 대신

한숨을 꺼내
여백을 만든다

그 여백 안에서
슬픔은 조금 접히고
생각은 천천히 말랑해지고
내 안의 나와
다시 마주하게 된다

그러니 누가
한숨을 쉬거든
다그치지 말고
그 여백에
가만히 함께 앉아 주기를

한숨은
마음이 숨을 고르는 시간이다
가장 작은 숨결로,
우리는
다시 살아간다

눈물보다 먼저 흘러내린 숨

말하려다
그만 멈췄다
가슴까지 올라온 슬픔이
입술 앞에서
숨으로 빠졌다

"괜찮아요"라는 말보다
먼저
긴 한숨이 새어 나왔다
눈물은 아직
눈에 머물러 있었는데
마음이
먼저 흘러 버렸다

그 한숨에
지친 하루가 눌려 있었고
사라진 말들이 숨어 있었고
잡히지 않은 손길 하나가
떠 있었다

때론

우는 것보다 숨이 더 아프다
숨 하나 토해 내고 나면
눈물도 쉬이 떨어진다
무너짐의 예고,
무언의 신호

눈물보다 먼저 흘러내린 숨은
아무 말도 하지 않았지만
가장 진실한 말이었다

가을 편지

노란 은행잎 한 장
바람에 실려 창가에 내려앉는다
햇살에 물든 오후,
가을은 조용히 편지를 부친다

높고 맑은 하늘 아래
고요히 흔들리는 갈대숲,
그리움도 가벼운 몸짓으로
이 계절을 지나간다

붉게 타오르는 단풍잎처럼
마음 한쪽이 저며 오지만,
떨어지는 낙엽조차 아름다운 건
이별을 품은 계절이기 때문일까

바람 따라 흩어지는 계절의 속삭임,
가을이 남긴 편지를
조용히 가슴에 담아 본다

어쩌다 보니 꽃이 되었다

오늘을 즐겨라

지나간 어제는 손에 닿지 않고
다가올 내일은 안개 속에 있네
바로 지금 이 순간만이 오롯이 나의 것

오늘은 선물이라 했던가
그것을 놓치지 말라,
너무 멀리 앞을 보느라
발밑의 꽃을 지나치지 말라

햇살이 비치는 창가에 앉아
차 한 잔의 온기를 느끼고,
바람이 스치는 얼굴에
자연의 숨결을 담아 보라

지금 이곳에서 웃고,
사랑하고, 감사하라.
무심코 스쳐 가는 작은 순간이
훗날 가장 빛나는 기억이 될지니

오늘을 즐겨라
내일은 오지 않을지도 모른다

지금 이 순간에 충실한 마음이
진정한 행복을 안겨 줄 것이다

소꿉놀이

작은 손안에
숟가락 하나, 종이 접시 둘
인형도 밥을 먹고
곰돌이도 국을 후룩 마신다

엄마처럼 말해 보고
아빠처럼 웃어 보고
모래를 쥐어 밥을 짓고
풀잎으로 반찬을 만든다

"많이 드세요"
"고맙소"
말끝마다 웃음이 흐르고
장난감 그릇에 담긴
동년도 흐른다

텅 빈 컵을 부딪히며
오늘도 축제를 연다

술래잡기

눈 가리고 열을 세요
하나, 둘, 셋, 넷, 다섯, 여섯~
친구들은 달려가요
나무 뒤에 쏙! 돌담 뒤에 쏙!

발소리만 살금살금
웃음소리 킥킥킥킥
"나 잡아 봐라~!" 소리쳐요
술래 마음 콩닥콩닥

찾았다! 깜짝 놀라
웃으면서 또 도망가~
잡고 잡히고 웃는 얼굴
햇살 속에 놀이는 계속돼요

술래잡기2

눈을 가리고
열을 센다
하나, 둘, 셋…
기억 속 골목이 조용해진다

"나 잡아 봐라!"
숨죽인 발소리,
숨겨진 웃음소리

돌담 너머, 나무 뒤,
누구는 숨고
누구는 찾고

찾는 건 사람인가
잊힌 여름인가
그때의 웃음인가

술래가 된 나는
세상 전부를 돌아
다시 너에게 간다

"찾았다!"
그리고 우리는
또 다른 숨바꼭질을 시작한다

줄넘기

푸른 운동장 위
바람처럼 돌아가는 한 줄의 선
하나, 둘, 셋—

내 두 발이 공중에 뜨는 순간
세상도 잠깐 멈춘다

쉼 없이 넘나드는 숨결 속에
넘어진 날도, 웃던 날도
모두 발끝에 매달려
텅, 텅, 리듬을 탄다

넘고 또 넘는 건
줄이 아니라
어쩌면 나 자신

천 번을 넘어도 다시 일어나는
어린 나의 심장은
오늘도 푸른 하늘을 향해 뛴다

공기놀이

작은 손안에 모인 다섯 알의 별
반짝이는 오후의 햇살을 담아
손끝에서 튀어 오른다
톡, 톡, 톡 —

공부의 무게는 잠시 내려놓고
숨죽인 집중 속
공기는 날고
소녀는 꿈을 꾼다

딸깍, 바닥에 닿는 소리
그 속에 담긴 웃음과 시간
엄마의 어린 날, 소녀의 어린 날,
시간을 넘어 주고받는 놀음

하나, 둘, 셋, 넷
끝끝내 놓치지 않으려
쥐고, 던지고, 또 잡는다
삶도 어쩌면 이처럼
가볍고 정직한 리듬일까

일기장

나만 아는 조그만 세상,
낡은 표지 속에 숨겨 둔 이야기들
펜 끝이 닿을 때마다
마음의 조각들이 글씨가 된다

기쁜 날은 꽃잎처럼 흩어지고,
슬픈 날은 빗방울로 스며들고,
어쩌다 화난 날은 날카로운 선이 되고,
사랑스런 순간은 별빛으로 반짝인다

비밀스런 고백도,
말하지 못한 눈물도,
작은 소망과 커다란 꿈도
이 조용한 페이지에 쉬어 간다

넘겨 보면 웃음이 터지고,
때론 살며시 눈물이 맺히고,
잊고 있던 어제를 만나
한참 동안 머물러 보기도 한다

일기장은 나의 거울,

시간이 남긴 발자국,
아무도 모르는 나의 작은 세계
그리고
언젠가 펼쳐볼
그리운 날들의 보물창고다

달력에게 편지 쓰기

안녕, 달력.
너는 늘 말이 없지만
언제나 앞서 나가더라

나는 아직
어제의 고민 속을 걷고 있는데
너는 벌써
다음 달을 넘기고 있구나.

한 장 한 장
떼어 낼 때마다
무언가를 놓친 기분이 들지만,
또 한편으론
새로운 가능성이 생긴 것 같기도 해

기억나니?
너의 첫 장을 펼치던 날
나는 많은 다짐을 적었었지
운동을 하겠다고,
덜 걱정하겠다고,
사랑을 더 표현하겠다고

하지만
몇 개는 지키지 못했고
몇 개는 잊었고
어떤 건 그냥
마음속에만 품고 있었어

그래도 고맙다
내 실수도, 망설임도,
네 속에 조용히 기록해 준 거

가끔은
네가 너무 빠르다고
투정 부리고 싶었지만
이제는 안다
너는 항상
나보다 한 발 먼저 걷는 친구라는 걸

그러니까
앞으로도
조용히 나를 이끌어 줘
내가 멈춰 설 때면
네 숫자 하나가
다시 걷게 해 주길 바랄게

달력,
너는 생각보다 따뜻한 친구야
그래서 오늘도
너에게
하루를 살았다고
살짝 메모해 본다.

긍정의 마음

어떤 바람이 불어와도
나는 흔들리지 않으리라
비바람 속에서도 꽃은 피어나듯,
내 마음에도 따뜻한 꽃을 심으리라

흐린 날이 길어져도
나는 햇살을 기다리리라.
구름 뒤엔 언제나 빛이 숨어 있듯,
내 가슴에도 작은 별을 품으리라

슬픔이 문을 두드려도
나는 미소로 맞으리라
눈물 속에서도 무지개가 뜨듯,
내 눈빛에도 희망을 채우리라

3·8 여성의 날의 속삭임

오늘, 바람이 유난히 부드럽다
꽃망울 속에 숨겨진 용기가
세상을 향해 살며시 고개를 든다

우리가 걸어온 길 위에
눈물과 웃음, 상처와 희망이
한 송이 꽃이 되어 피어나고
목소리를 잃지 않으려
수많은 침묵을 삼켜 왔던 날들
그 모든 시간이 오늘, 빛이 된다

우리는 아름다운 꽃이며
더는 꺾이지 않을 나무가 되어
불어오는 바람에 흔들릴지언정
뿌리 깊은 삶으로 일어선다

손을 맞잡고 건네는 온기 속에
차별도, 편견도 녹아내리고
서로의 눈빛에 담긴 연대가
커다란 파도를 일으킨다

3월 8일, 단 하루가 아니라
우리가 꿈꾸는 모든 날에
자유와 존엄, 사랑과 평등이
당연한 빛으로 머물 것이다

그러니 오늘,
축하와 다짐 사이에서
조용히 속삭여 본다
"우리는 아름답고, 강하다"

어쩌다 보니 꽃이 되었다

처음부터
꽃이 되려고 한 건 아니었다
그저 묵묵히
하루를 살았을 뿐이다

아무도 모르게 눈물도 흘렸고,
어느 날은 햇살 대신
한숨으로 아침을 열었다

남들보다 늦게 피어난 꿈을
늦었다고 누가 말할까 봐
괜히 웃으며 덮어 두기도 했다

그래도,
지는 해를 따라 걷다 보면
마음 한 켠이 따뜻해졌고
바람이 등을 밀어 줄 때면
조금은 덜 외로웠다.

누가 봐 주지 않아도
괜찮다고 스스로를 다독이다가

문득, 거울 속 나를 보고
한마디 건넨다
"어쩌다 보니… 꽃이 되었구나"

화려하진 않아도,
누구보다 오래 견딘 색
한 줄기 빛을 기다리며
흙 속에서도 고개를 들던 시간들이
이제는 나를 피우는 법을
조용히 가르쳐 주었다

그러니 부끄러워 마라,
지금의 너를
살아남은 것,
그 자체가 피어난 것이다

처음부터 빛나려고 한 건 아닌데,
살다 보니, 견디다 보니
조용히 피어 있게 된 인생의 어느 한 장면

아직 봄이다

꽃잎이 흩날려도
내 마음에는 여전히 봄빛이 머문다

햇살 한 줄기에도
새순처럼 떨리는 마음,
한 번의 미소에도
눈부신 시작이 깃든다

아직 봄이다
늦게 피어나는 꽃도 있듯,
내 안에도 다 열지 못한
희망의 봉오리가 있다

시간은 흘러가지만
내 안의 계절은 머물러
오늘도 조용히 속삭인다

아직, 봄이다

늦게 피는 꽃

모두가 앞다투어 피어날 때
나는 그늘 아래 고요히 머물렀다

햇살은 빠르게 지나가고
바람은 자주 나를 잊었지만
언젠가는
내게도 계절이 올 거라 믿었다

세상의 시선은 서둘렀고
시간은 내 등을 재촉했지만
나는 내 속도로
내 호흡대로
조금씩 뿌리를 내렸다

그리고 지금,
누군가의 봄이 다 지고 난 자리에서
조용히 꽃을 피운다
늦게 핀 만큼
오래도록 향기 나리라

늦은 햇살이 드는 자리

아침처럼 서두르지 않고
한낮처럼 눈부시지 않아도
고요한 햇살처럼 따뜻하다

무엇이 될까, 어디에 닿을까
달리던 시간도 있었지만
지금은 그저 이 자리에 앉아
바람이 건네는 말에 귀를 기울인다

슬픔도 지나가고
기쁨도 지나가고
그 모두가 꽃잎처럼 쌓여
이제는
흔들림도 그리움도
미움마저도 부드럽게 감싸안는다

친구

말없이 눈빛만으로
마음이 통하는 사람
힘겨운 날, 전화 한 통 없이
문 앞에 놓인 따뜻한 커피처럼

오랜 시간 멀어져 있어도
다시 만나면 어제 본 듯한 사람
웃음 뒤에 숨은 눈물까지
먼저 알아보는 사람

세월이 흘러도 변치 않고
내 곁에 머물러 주는 사람

내가 넘어질 때
조용히 손 내밀어 주고
내가 기쁠 때
함께 웃어 주는 사람

이름만 불러도 마음이 놓이는
내 삶의 가장 고마운 선물, 친구

꿈속의 고향집

바람이 익숙한 길을 따라
나는 그 집을 찾아갑니다
풀벌레 울던 저녁 들녘 끝에
기울어진 지붕 하나, 나를 기다립니다

낡은 문턱엔 세월이 앉아 있고
기둥마다 부모님 손때가 묻어 있습니다
연기 자욱한 아궁이 곁
묵은 장독들조차 나를 반깁니다

봄이면 앵두꽃이 마당을 물들이고
여름이면 빗소리로 잠을 잤습니다
가을밤엔 별이 지붕에 내려앉고
겨울엔 눈이 마당을 덮었습니다

무너질 듯 허름한
작지만 커다란 그 집,
내 꿈의 시작이었고
눈물의 끝이었습니다

세월은 둑을 쌓고 떠나갔지만

그 집은 늘 거기 있었습니다
기다림이란 말이라도 배운 듯
꿈도 추억도 모두 품은 채

아버지의 헛기침 소리,
부엌에서 나는 된장 냄새,
그리고 나를 부르던 그 목소리—
꿈속에서 다시 살아나는 사랑입니다

아침이면 이슬처럼 사라질
그리움의 집, 고향집
그래도 괜찮아요
오늘 밤도 그 길 따라
나는 다시 돌아갈 테니까요

낭군님

아침이면 커피잔에
하트를 띄워 건네고
저녁이면
"오늘도 고생 많으셨습니다, 여왕님"
인사를 빼먹지 않는다

설거지를 하다 그릇을 깨뜨려도
"그릇이 졌네, 당신 손이 이겼어"
웃음 한 방울로 덮어 주는
센스 만점 낭군님

길을 걷다 내가 넘어지면
자기 무릎을 탁 치며
"아이고, 내 심장이 먼저 아파서…"
과장 섞인 진심으로
나를 챙긴다

어쩔 땐 바보 같고
어쩔 땐 시인 같고
그러면서도 듬직하게
내 인생의 그늘이 되어 주는 사람

말 한마디에 꽃이 피고
눈짓 하나에 웃음이 터진다.

고마워요
내 평생의 동반자,
사랑스런 나의 낭군님이여
그대가 있어
내 하루는 늘 살갑고,
내 마음은 언제나 웃고 있지요

탐욕

끝없이 채우려는 손끝,
빈손임을 알면서도
더욱 움켜쥐려는 마음

손을 뻗는다, 더 멀리, 더 깊이
이미 쥔 것조차 잊은 채
채우고도 모자란 듯 허공을 움켜쥔다

강물은 흐르며 길을 내건만
나는 갇혀 웅덩이를 파고
하늘마저 가두려 한다.
멈추면 사라질까 두려워
더 깊이, 더 크게 욕망을 쌓는다

그러나 욕망의 잔이 찰수록
목은 더욱 타들어 간다
가진 것이 많을수록
더 가진 자를 부러워하고
비어 있는 틈을 채우려
또다시 손을 뻗는다

황금빛 태양 아래에서도
어둠 속 그림자만 따라가고
불어오는 바람에도
온기를 느끼지 못한 채…

손을 펴면 바람이 지나고
눈을 들면 별이 빛나건만,
나는 언제쯤 비울 수 있을까

소유한 것이 나를 옭아매고
모은 것이 나를 가둔다
탐욕의 벽에 갇힌 채
나는 자유를 갈망한다

나는 손을 놓는다
흐르는 강물에 나를 맡긴다
가벼워진 발걸음이
비로소 바람을 따라간다

가로등에게도 월급을

매일 밤 빠짐없이 출근하는 가로등,
결근도 지각도 없이
그 자리에 떠 있다
구름이 출입문을 막아도,
별들이 조퇴해도
그는 조용히
세상을 비추는 야간 근무자

달님이 쉬는 시각,
잠 못 드는 창가를
하얗게 안아 주는 가로등
실연한 마음,
늦은 귀가,
야근으로 지친 그림자까지
말없이 받아 안는다

그런데 아무도
월급을 주지 않는다
명절에도, 폭설에도
폭염과 폭우에도
부단히 일하는데

오늘 밤만큼은
그의 통장에
말 한 줌 넣어 드려야겠다
"고마워요 가로등
당신 덕에 오늘도
조용히 하루를 마무리합니다"

아버지

말수가 적으셨죠
무거운 하루를 등에 지고도
늘 아무 일 없다는 듯
신발끈을 묶으시던 뒷모습

햇빛보단 그림자에 익숙하고
손보다 눈빛으로 많은 걸 말씀하신 분
등은 구부러져도
마음은 한 번도 꺾인 적 없는
그런 분이셨어요

때로는 무뚝뚝해서
서운했던 날도 있었지만
지나고 보니
그 침묵이 얼마나
깊은 사랑이었는지 압니다

아버지,
당신의 이름을 부를수록
내 안의 그늘에도
햇살이 스며듭니다

시간아, 너 자꾸 도망가지 마

봄날의 애상(哀傷)

살구꽃 흩날리는 골목 끝
어느새 봄이 와 있었다
햇살은 따뜻했지만
마음 한 귀퉁이는 서글펐다

바람은 자꾸만
잊은 줄 알았던 이름을 부르고
벚꽃은 피자마자
떨어질 준비를 했다

손끝에 닿을 듯 가까운
그날의 웃음은
언제나처럼
한 발짝 앞에서 물러섰다

봄은 늘 그렇다
피어나는 순간부터
지기 시작하는 계절
그래서 더 아름답고
그래서 더 아픈,
봄날의 기억 한 장

봄

언 땅을 뚫고 살며시
고개를 드는 새싹,
봄은 그렇게
조용히 다가온다

찬바람 속 움츠렸던 나무는
따스한 햇살에 손을 뻗고,
이내 가지마다
연둣빛 꿈이 피어난다

꽃잎은 바람에 흔들리고
향기는 길 위에 스며들어,
우리의 가슴속에
새로운 이야기를 심는다

봄은 약속이다
겨울 끝자락에 숨어 있던
희망의 시작이다
오늘이 힘들지라도
내일은 빛날 것이라
속삭여 주는 계절이다

봄비

부드러운 속삭임으로
살포시 다가와
대지의 잠을 깨우는
생명의 첫 손짓

겨울의 흔적 씻어 내고
맑은 물방울 속에
새로운 계절의
숨결을 담는다

봄비는 노래한다
"일어나라, 피어나라
움츠렸던 꿈들이여,
춤을 추어라"

방울방울 빗방울
희망의 씨앗 뿌리고,
젖은 흙내음 속에서
새로운 꿈 움튼다

진달래

산자락 물든 분홍빛 물결
봄바람에 살며시 흔들리고
긴 기다림 끝에 피어난 꽃,
그리움 가득 품고 있구나

이른 아침 이슬 머금은 채
한 자락 눈물로 피어난 듯,
떠난 이의 발길을 따라
고운 빛으로 길을 내리는가

바람이 지나도 흔들리지 않고
하늘을 우러르며 피어난 꽃,
꽃잎 한 장 손끝에 닿으니
그리운 얼굴 아련히 떠오른다

산을 물들이고 마음을 물들이는
봄의 첫 고백, 진달래
오늘도 내 마음 한 켠에서
그리움으로 조용히 피어난다

경칩

숨죽였던 땅이 기지개를 켠다
긴 겨울의 침묵을 뚫고
어디선가 들려오는
작은 숨소리, 부드러운 떨림

첫 새싹이 흙을 밀어올리고
매화꽃이 조심스레 문을 두드린다
개구리의 맑은 눈동자에
봄이 비치고,
바람은 따뜻한 약속을 전한다

얼어 있던 강물도 흐르기 시작하고
나무의 가지 끝에도 연둣빛 꿈이 움튼다
잠에서 깨어나는 모든 것들이
햇살을 향해 고개를 든다

이 나라에도 언젠가
겨울 같은 시간을 지나
새로운 계절 속으로 걸어가겠지
눈부신 희망을 품고,
조금 더 단단한 마음으로

황혼인생

저무는 해가 붉게 물들이는 하늘,
황혼은 서서히 다가와 품에 안긴다
긴 하루의 여정 뒤에 남은 고요함,
그 속에 담긴 이야기들은 빛을 발한다

젊음의 불꽃이 뜨겁게 타올랐던 날들,
웃음과 눈물로 가득했던 계절들
이제는 바람에 흔들리는 갈대처럼
부드럽게 흐르는 시간이 반갑다

아쉬움이란 이름의 그림자가 드리워도
지금 이 순간, 내 안의 평화가 아름답다
걸어온 길이 자랑스러운 흔적이 되고
앞으로의 길은 고요한 축복이 된다

황혼은 끝이 아닌 또 다른 시작,
별빛 아래서도 꿈꾸는 삶의 연속
그윽한 빛으로 물든 오늘,
내 인생은 여전히 찬란하다

창밖에 비가 내린다

창밖에 비가 내린다
조용히, 천천히, 때로는 서둘러
마음의 창을 두드리는
작은 손길처럼

창밖에 비가 내린다
내 마음도 괜스레 젖어든다
그리운 이름 하나
작은 한숨 하나에 묻어서

유리창을 타고 흐르는 빗물에
오래된 기억들이 비친다
한때는 눈부셨던 날들
한때는 아팠던 얼굴들

창밖에 비가 내린다
수천 가지 이야기가 흘러내린다
미처 전하지 못한 안부와
지우지 못한 그리움이 섞여서

창밖에 비가 내린다

나는 조용히 찻잔을 기울인다
슬펐던 기억도 즐거웠던 추억도
식어 버린 찻잔에 말아서

소나기

소나기는
그저 오는 법이 없습니다
허공에 쌓인
그리움의 무게가
견딜 수 없을 때
한껏 터져 내립니다

처마 밑
잠시 멈춰 선 나그네를 위해,
잊힌 약속을 기억하는 나무를 위해,
누군가의 눈물 대신
울어 주는지도 모릅니다

그저 하늘의 마음처럼
잠깐, 아주 뜨겁게 울다가
말없이 지나갑니다

소나기는 묻지 않습니다
왜 울고 있냐고,
언제쯤 그칠 거냐고—

그러니 당신도
울어도 괜찮습니다
소나기처럼
누구를 위해서든,
혹은 아무 이유 없이도

시간

시간은 눈에 보이지 않지만,
모든 것을 바꾸고 지나간다
새벽의 고요함도,
한낮의 분주함도,
황혼의 적막함도
결국 시간의 얼굴이다
그 얼굴은 매일 조금씩 달라지며
우리의 삶을 어루만지고 넘어간다

어릴 적엔 시간이 느리게 흘렀다
하루가 길었고, 기다림은 설렘이었다
어느 순간부터 시간은
쏜살처럼 달리기 시작했다
계절이 바뀌는 것도 눈 깜짝할 사이,
사람이 떠나가는 것도 너무 빠르게

시간은 흔적을 남긴다
주름 하나, 흰 머리카락 하나에
수많은 이야기들이 숨어 있다
그 이야기를 꺼내어 보면
웃음도, 눈물도, 후회도,

그리움도 함께 따라온다

아무리 후회해도 어제는 다시 돌아오지 않고,
아무리 기대해도 내일은 아직 오지 않았다
중요한 건 지금이다
지금 옆에 있는 사람,
지금 눈앞에 있는 풍경,
지금 내 안에 피어오르는 감정

시간은 언제나 말없이 흐르지만
그 안에 담기는 우리의 마음은 말보다 진하다
그래서 오늘,
나는 지금 이 순간을 꼭 안아 주고 싶다
흘러가는 것이 아니라,
살아 내는 시간으로

달력

벽 한쪽에 걸린
조용한 기록자
달력은 말없이
우리의 시간을 세어 간다

하얀 종이 위에 박힌 숫자들,
어제의 추억과
오늘의 바쁨,
내일의 약속이
모두 그 안에 머문다

한 장을 넘길 때마다
떠나가는 계절과
다가오는 희망이 교차하고,
남겨진 여백 속엔
아직 쓰이지 않은
우리의 이야기가 있다

시간은 흘러가도
그 안에
우리의 빛나는 순간을 남긴다

언젠가 다시 펼쳐질
소중한 기억들을

인생, 참 즐겁다

햇살은 아침마다 창가를 두드리고
바람은 나뭇잎에 노래를 가르친다
흐르는 강물은 어디로 가는지 모르지만,
그 길 위에 반짝이는 빛은 잊지 않는다

웃음소리는 골목길을 채우고
아이들의 발자국은 시간을 초대한다
어제의 슬픔도 오늘의 기쁨도
모두가 어우러져 이야기가 된다

길가의 들꽃 한 송이에도
세상의 아름다움이 숨 쉬고
낙엽의 마지막 춤사위에도
삶의 의지가 빛난다

이렇게 걷는 순간순간,
걸음마다 새로운 풍경이 열리고
번뇌와 한숨 뒤엔
가벼운 미소가 스며든다

슬픔도 지나면 추억이 되고

기쁨은 더 큰 행복으로 돌아오니,
한 순간의 좌절이 있다 한들
인생은 참, 즐겁다

6월

6월은 초여름의 문턱에 선 계절이다
봄의 잔향이 아직 머물고 있지만,
햇살은 어느덧 여름의 빛깔을 닮아 간다

창문을 열면 산들바람이 불어오고
나무들은 짙어지는 녹음을 자랑한다
거리엔 만화가 방창하고
즐기는 사람들의 웃음소리가 공기 속에 맴돈다

6월은 그리움과 설렘이 교차하는 달이다
어린 시절 운동회의 뜨거운 열기,
교실 가득 퍼지던 땀 냄새와 손부채질 소리,
시원한 수박 한 조각을 들고
마당에 앉아 별을 바라보던 밤
그 모든 기억들이 6월의 바람을 타고 다가온다

6월은 나에게 속삭인다
"남은 날들도 충분히 아름다울 수 있다고"

햇살이 따뜻한 이 계절,
나의 6월도

반짝반짝 빛날 수 있기를,
어느 날 문득 떠올릴 수 있는
좋은 계절이 되기를 기대해 본다

6월의 각오

해가 길어지고 바람이 따뜻해졌다
어느새 달력은 한가운데를 자리한다

1월의 다짐은 흐릿해졌고
3월의 분주는 기억 너머로 물러났다
때론 잘 해냈고, 때론 지쳤으며
어느 순간은 도망치고 싶기도 했다

6월이 되어
나는 다시 마음을 가다듬는다
무엇이 소중한지,
어디로 가야 할지,

남은 날들은 아직 충분하다
늦지 않았다는 말,
그 말 한마디로 나는 다시 일어난다

더는 흘러보내지 않겠다 다짐한다
매일 아침, 내게 주어진 하루를
감사한 마음으로 시작하고
후회 없는 저녁을 맞이하리라

이제, 나의 시간은
주저함 없이 정면을 향해 걸어가는 것
그것이 바로,
6월의 각오다

7월의 기도

장마 끝자락에 매달린
한 줄기 햇살처럼
내 마음도
다시 밝아지게 하소서

무성한 잎 사이로
바람이 속삭이듯
말없이 다가오는 위로를
느낄 수 있게 하소서

지나온 반년의 무게를
고요히 내려놓고
남은 날들은
가벼운 걸음으로 걷게 하소서

작은 기쁨에도
눈물이 날 만큼
감사할 줄 아는
마음을 주시고

누군가의 아픔에도

조용히 귀 기울일 수 있는
따뜻한 마음을
허락하소서

7월의 태양처럼
뜨겁게 사랑하고
7월의 비처럼
부드럽게 안아 주는
내가 되게 하소서

그리고 무엇보다
내 안의 평화를 지키는
굳은 믿음 하나,
잊지 않게 하소서

더 늦기 전에

밝은 아침 햇살처럼
오늘도 내일도 반짝이고
스쳐 가는 바람처럼
가볍게, 그러나 깊게 살고 싶다

바쁜 걸음 속에서도
한 송이 꽃의 향기를 맡고,
푸른 하늘을 바라보며
마음 한편을 비우고 싶다

하고 싶은 말은 미루지 않고
사랑한다, 고맙다, 미안하다
숨김없이 전하며
진심을 남기고 싶다

가고 싶은 곳이 있다면
망설이지 않고 떠나고,
배우고 싶은 것이 있다면
두려움 없이 도전하고 싶다

더 늦기 전에,

지금 이 순간을 온전히 살며
내 삶의 한 페이지를
아름답게 채우고 싶다

시간아, 너 자꾸 도망가지 마

시간아,
너 왜 자꾸 도망가니?
나 아직 양말 한 짝도 못 신었는데
벌써 아침이래

커피 한 잔 다 마시기도 전에
출근 시간이 달려오고,
서랍 정리하다가
사진 한 장 꺼내 본 사이
벌써 오후가 훌쩍이야

점심 먹고 산책 좀 하려 했는데
어느새 알람이 울려
"회의 시작 5분 전입니다"
…휴

시간아,
너 대체 뭐가 그리 바쁘니?
우리, 같이 좀 앉아 쉬자
나 말 좀 하자니까
할 말이 많아

미뤄 뒀던 고백도 있고,
문득 떠오른 그리움도 있고,
그냥,
아무 이유 없이
혼자 있고 싶은 날도 있는데

넌 그런 내 마음도 모르고
툭, 하고
달력 한 장씩 뜯어 내잖아

그리움도, 후회도,
너무 급하게 데려가면
정리할 시간이 없단 말이야
가끔은
슬쩍 모른 척해 줄 순 없니?

시간아,
너 자꾸 그러면
나도 가만 안 있을 거야
오늘만큼은
좀 꽉 붙들고 살 테니까

시곗바늘 몰래 뒤로 돌리고,

모닝커피 두 번 마시고,
노을 앞에 멍하니 앉아
몇 분쯤 훔쳐볼 거야

그러니까
도망 좀 그만 가
내 마음,
아직 네 발끝도 못 따라갔어

눈꽃1

이도령 애달픈 맘
춘향이만 하리오

그리움이 한이 되어
하얗게 피어난 꽃

동백나무 가지에
밤안개 꽃 예쁘구나

내 마음 훔쳐다가
발 방아 찧더니만

순백의 내 가슴에
매화 꽃 그리느냐

수줍게 입 맞추고
눈물 되어 사라지네

눈꽃2

하얗게,
고요히 내려앉는 겨울의 숨결,
흰옷을 입은 나무 가지마다
하얗게 하얗게 꽃 피운다

얼음 같은 시간도
잠시 멈추고 숨 고르고
차가움 속에서도
따뜻함이 스며든다

바람에 흔들려도
떨어지지 않고
그리움도, 기다림도
함께 머문다.

어둠 속에서도
빛을 발하고
햇살 한 줌에 스러져도
진주 되어 반짝인다

고독의 품격

사람들 사이를 비집고 나와
혼자라는 풍경 앞에 선다
조용한 방,
창밖을 스치는 빛 한 줄기에도
마음은 움직인다

소란한 세상은
고독을 두려움이라 말하지만
나는 안다
진짜 나와 마주하는 시간은
언제나 혼자일 때였음을

말이 없는 이 고요 속에서
내 생각은 깊어지고
감정은 정제된다
텅 빈 듯하지만,
결코 공허하지 않은

고독은 외로움이 아니라
나를 가꾸는 공간이다
무너지지 않기 위해

스스로를 세우는,
단단한 예절이다

그 품격을 안다면
사랑도, 슬픔도, 침묵도
품을 수 있다
더 조용히
더 깊게

기억은 가끔 틀린다

기억은 가끔 틀린다
그날 그 사람이 웃었는지,
울었는지조차
시간이 지나면 헷갈린다

햇살이 따뜻했던 날이었는지
바람이 조금 차가웠는지,
내가 먼저 손을 내밀었는지
그가 먼저 고개를 돌렸는지—
기억은,
어디까지가 사실이고
어디부터가 마음인지
알 수 없는 퍼즐이다

어쩌면
그때도 그 사람은
아프지 않았을지도 모르고
내가 들었다고 믿은 말은
실은 듣고 싶었던 말일지도 모른다

기억은 자꾸

내 감정에 맞춰 편집되고
내 후회에 따라 다시 녹음된다
그래서 가끔
나만 기억하는 장면이 생긴다
그리고 혼자 아프다

그렇다고 기억이 틀렸다고
말하고 싶진 않다
왜냐면,
그 틀림 속에
진심은 여전히 숨 쉬고 있으니까
잊지 않으려 애쓴 흔적이
그만큼 간절했다는 뜻이니까

기억은 가끔 틀린다
그래도 나는
그때의 나를
안아 주고 싶다

내 나이가 어때서, 아직 안 졸린데?

열 시 넘었으니
자야 한다고?
아니,
내 눈꺼풀도 아직 파업 안 했고
내 심장도 아직 탭댄스를 추고 있는데?

내 나이가 몇이라도
별이랑 얘기 좀 하다 자고 싶고
귤 까먹으며 드라마 한 편 더 보고 싶고
달님한테 하소연도 좀 하고 싶은 밤이다

내 나이가 어때서
누가 졸린 나이라고 했나?
내 안엔 아직
응답하라 1988이 살고 있고
지하철에서 자리 양보받아도
심장은 여전히 비트박스를 친다

잠은 피곤할 때 자는 거지
나이 들어서 자는 게 아니라고
내 주름 사이에 웃음이 피고

내 흰머리에도 낭만이 자란다고
누가 좀 전해 줘라,
나 아직 안 졸리다고

오늘 밤도
이불 안에 꿈을 개봉하며
새벽 한 시까지는
청춘이다

함박눈이 내린다

하늘이 부드러운 숨을 불어
하얀 이불을 깔아 준다
눈꽃송이들이 춤추듯 내려와
나뭇가지마다 겨울의 왕관을 얹고,
텅 빈 길은 순백의 도화지가 된다

차가운 공기 속에도
따스한 기운이 스며들듯,
눈길 위로 남긴 발자국은
누군가의 이야기가 된다

함박눈이 내린다.
시간마저 멈춘 듯한 이 순간,
고요한 풍경에
마음엔 하얀 추억이 쌓인다

시 평론

정명선 시인의 좋은 날

1. 정명선 시인의 〈좋은 날〉

이 시는 거창한 사건이나 극적인 정서 대신, 우리가 일상 속에서 무심히 지나치는 찰나의 온기를 섬세하게 포착하여 표현하였다.
화자는 "햇살이 살며시 어깨에 내려앉는 날"처럼, 자연과 인간이 아무런 경계 없이 조화되는 순간을 '좋은 날'이라 표현했다.

2. 이 시에서 '좋은 날'은 특정한 날짜나 외부의 조건이 아니라, 조용히 마음의 상태를 표현한 시이다.

햇살, 바람, 꽃향기, 웃음소리… 모두 존재하지만, 그것을 느낄 줄 아는 마음이 있을 때 비로소 좋은 날이 된다.
이는 서양의 현상학적 사유, 즉 "존재는 의식 속에서 드러난다"는 철학을 떠올리게 한다.
좋은 날이란, 외부 세계가 변해서가 아니라, 내가 세상을 알아보는 감각이 깨어난 날이라는 것을 묘사했다.

3. 시인은 행복을 거창하게 정의하지 않았다.

"소박한 미소", "오래된 노래", "커피 한 잔", "아이들 웃음소리"처럼 누구나 경험할 수 있는 장면들로 '좋은 날'을 구성했다.
여기엔 현대인의 분주함에 대한 조용한 저항이 숨어 있다.
삶을 소비하거나 경쟁으로 채우는 대신, 작은 여백 속에서 마음을 쉬게 하는 것이 진정한 행복이라는 메시지이다. 이것은 일종의 '소확행(小確幸)'의 철학적 원형이라 할 수 있다.

4. 언어의 리듬 — 감성의 숨결로 흐르는 시

이 시는 운율적인 리듬과 반복 구절 "그런 날이 좋은 날이지"를 통해 마치 자장가처럼 따뜻한 울림을 만들어냈다.
반복은 지루함이 아니라, 확신과 위로의 리듬으로 작용한다.
읽는 이의 마음에 차분히 내려앉아, '좋은 날'이 멀리 있는 것이 아니라 지금 여기에도 있음을 일깨워 준다.

5. 총괄적인 감상

〈좋은 날〉은 소소한 일상에 깃든 존재의 아름다움을 깨닫게 하는 시이다.
이 시를 읽는 순간, 우리는 불현듯 깨닫게 된다.
좋은 날은 날씨가 아니라 내 마음이 맑은 날, 사랑하는 이의 목소리와 커피의 향기 속에서
세상과 화해하는 평화의 순간이라는 것을.

결국 이 시는 "행복은 감각의 깊이에서 피어난다"는 따뜻하고 철학적인 메시지를 전하고 있기 때문에 좋은 시라고 할 수 있다.

-소설가 남태일

다이어트는 내일부터의 전설

ⓒ 정명선, 2025

초판 1쇄 발행 2025년 11월 1일

지은이　　정명선
펴낸이　　이기봉
편집　　　좋은땅 편집팀
펴낸곳　　도서출판 좋은땅
주소　　　서울특별시 마포구 양화로12길 26 지월드빌딩 (서교동 395-7)
전화　　　02)374-8616~7
팩스　　　02)374-8614
이메일　　gworldbook@naver.com
홈페이지　www.g-world.co.kr

ISBN　979-11-388-4947-0 (03810)

- 가격은 뒤표지에 있습니다.
- 이 책은 저작권법에 의하여 보호를 받는 저작물이므로 무단 전재와 복제를 금합니다.
- 파본은 구입하신 서점에서 교환해 드립니다.